अभिलाषा

रुचि र

जीवन

(A Collection of Nepali Poems- Vol I)

ज्योति मिश्र

भुमिका

अमेरिका बसाईको क्रम संगसंगै मनमा उठेका केही लहरहरुलाई शब्दमा कैद गर्ने प्रयत्नको उपज नै यो "अभिलाषा रुची र जीवन" ले मुर्तता पाएको छ। धैरै बर्षको अन्तरालमा फेरी एउटा नयाँ कबिताहरुको सँगालो पाठक सामु प्रस्तुत गर्न पाउँदा रमाईलो अनुभुति हुनु त स्वभाबिक नै हो। यस संग्रहका निकाल्न मलाई सहयोग गर्ने र मलाई निरन्तर हौसला प्रदान गर्ने मेरा साथीहरुलाई हार्दिक धन्यवाद। अन्त्यमा, निरज ढकाल, निर्मल कार्की, बिदुर भण्डारी, राम कृपाल सिंह (महाराज), र बिभुति वाग्लेलाई बिशेष धन्यवाद दिंदै समस्त पाठक बर्गबाट मेरो यो नयाँ कबिता सङ्ग्रहको बारेमा आफ्नो प्रतिकृया र सुझाब दिनुहुनेछ भन्ने आशा राखेको छु।

कबिताका शीर्षकहरु

- **तिमीलाई भावनामा रंगाईदिया छु!** ६
- **मान्छे केवल आभाश गर्दै, केवल आभाश गर्न बाँचीराछ!** ७
- **देश जति पछी सुँईकिए नि नेपाली अघि हुँईकेकै छन् !** ८
- **जीवन एक आजमाइश...!** १०
- **मिठो सम्झनाको डायरीको !** ११
- **अन्तर्मिलन ...!!!** १२
- **समयसंगको नयाँ !** १३
- **एक एक बहाना खोज्दै एक एक बहानामा बाँचेको मान्छे!** १५
- यथार्थतामा फर्कने कोशिशमा छु ! १६
- तिहारलाई स्वागत छ मनै फुकाएर जम्नु पर्छ देउसी भैलो मादल ठटाएर १७
- अगाडी हेर्यो ठाडो उकालो पछी फर्क्यो कि भीर छ ! १९
- त्यो एउटा पातली मोरी छे ! २०
- फेरी नौलो रचनामा ! २१
- स्मृतिको पानामा समेटिने ! २२
- तिम्रो ....! २३
- आशाको किरण ! २४

- आज कोजाग्रतसँगै दशैंले बिदाई माग्दै छ! २५
- एक अन्जान कौतुहलता ...!! २६
- सम्झनाका सारा फूललाई ! २८
- केही कुराको त अभाव छ! २९
- भत्काईएको मनको भग्नाबशेष पन्छाउँदै छु ३०
- नजिक नआउ यो मनतिर! ३१
- एउटा रहर लुकेको थियो ३२
- रिमझिम रिमझिम पानी पानी ३३
- पुराना यादै यादमा हराई रहुँ जस्तो ३४
- जल्दा जल्दा खरानी भएको मान्छेलाई! ३५
- बिदा दिएँ चांदनीलाई ३६
- समयलाई नै केही पल समय दिई पर्खि दिन्छु! ३७
- "अप्रतिस्थाप्य" साथ ! ३८
- यादै यादका पन्नाहरुमा ३९
- किन कठोर कोही ! ४०
- "तरवार नै रोज्छु" ४१
- मनको बाघ! ४२
- जीवनमा भन्दा पैसामा धेरै रमेका ४३
- "जीवन" भन्ने शब्दको सही अनुवाद मिल्दो रहेछ ! ४४
- ईच्छालाई दु:ख अनि सन्तुष्टीलाई सुख सम्झ्यो ! ४६
- एकदिन सागरको किनारामा! ४८
- के रहेछ खै यो जीवन भन्ने ५०
- एउटा असल साथीले जीवनमा ! ५२

- एउटा अतृप्त प्यासमा मदहोशिन थालेछ ! ५४
- आँखा कमजोर भएर के भो र! ५५
- बिरानो ठाउँको मोहले नेपाललाई बिर्साएछ! ५६
- जीवनमा फेरी बहार आएको छ! ५७
- नहेर मलाई त्यो गहिरो नजरले ५९
- सोच्छ यो मन के होला जीवन भने जस्तो सबै पाए ६०
- अभिलाषा नै अभिलाषा! ६२
- भीडै भीडमा रुमल्लीएको! ६३
- अतितका मिठा पलहरुलाई ६४
- केवल एक सोच! ६५
- बादलुले मायालाई ६६

© & ® ज्योति मिश्र २०१०

(सर्वाधिकार लेखकमा सुरक्षित छ)

(प्रतिकृयाको लागि ईमेल ठेगाना: jyotimishra2001@hotmail.com)

तिमीलाई भावनामा रंगाईदिया छु !

तिमी थिएनौ म रमाएकै थें
आयौ तिमी झन् रमाइलो भो
आज छैनौ तिमी जिन्दगीमा
तै पनि म त रमाईदिया छु

तिम्रो माया थियो हाँसेको थिएँ
नयाँ सपनाहरु बाँडेको थिएँ
आज तिम्रो माया छैन परिबेशले
तै पनि म त हाँसीदिया छु

तिम्रो साथमा जीवन सुन्दर थियो
कल्पनाको महल सज्दै थियो
आज यादकै तिम्रो सहारा छ
तै पनि म त आफुलाई सजाईदिया छु

तिमीलाई पनि पुराना सारा
सम्झनाहरुसँगै पोतीदिया छु
शब्दबाहेक जिन्दगीमा मेरो आफ्नो के नै छ र
त्यही शब्दबीच तिमीलाई भावनामा रंगाईदिया छु

तिमी थिएनौ रमाएकै थें
आयौ तिमी झन् रमाइलो भो
आज छैनौ तिमी जिन्दगीमा
तै पनि म त रमाईदिया छु

मान्छे केवल आभाश गर्दै, केवल आभाश गर्न बाँचीराछ !

आभाश कति बहुमुल्य, यही आभाशमानै जिन्दगी छ
मान्छे केवल आभाश गर्दै, केवल आभाश गर्न बाँचीराछ

कोही आनन्दको आभाश गर्न, कोही सफल भएको आभाश गर्न
कोही धनी भएको आभाश गर्न, कोही शिक्षित भएको आभाश गर्न

कोही भविश्य सुनिश्चित भएको आभाश गर्न, कोही सुन्दरताको आभाश गर्न
कोही उत्तम भएको आभाश गर्न, कोही शक्तिशाली आभाश गर्न

कोही मायाको आभाश गर्न, कोही खुशीको आभाश गर्न
कोही सुखी आभाश गर्न, कोही परोपकारी आभाश गर्न

खोई यो मान्छे जिन्दगीमा, कस्तो कस्तो आभाश गर्न बाँचीराछ
केवल आभाशनै आभाशको पछी जिन्दगानी चलाईराछ

आँखाको द्रिश्य, कानको श्रवन, चर्मको स्पर्शलाई महसूस गर्दै
नाकको गन्ध, जिब्रोको स्वाद, पञ्च ईन्द्रियलाई चलाई राछ

आभाश कति बहुमुल्य, यही आभाशमानै संसारै छ
मान्छे केवल आभाश गर्दै, केवल आभाश गर्न बाँचीराछ

देश जति पछी सुँईकिए नि नेपाली अघि हुँईकेकै छन् !

कोही ढिँडोमा नि रमेकै छन्
कोही कोदो, फापरमा नि खुशी नै छन्
नेपालीको मुहारै हँसिलो
चामल पाए नपाए नि हाँसेकै छन्

कोही दिनहुँ घण्टौं हिँडेकै छन्
कोही दुई मिनेट नि कोही उडेकै छन्
नेपाली को मनै सन्तोषी
जे भए नि सन्तोषले बाँचेकै छन्

चाडबाडमा त कम्मर भाँचेकै छन्
नेताको आन्दोलनमा नि नाचेकै छन्
देश जति पछी पछी सुँईकिए नि
नेपाली अघि अघि हुँईकेकै छन्

अमेरिकाले मंगल् ग्रहमा
रोबोट गूडाएर के भो र
हेलिकप्टर बाट उडाएर
नेपालीले ट्याक्टर गूडाएकै छन्

कोही नुन बेचेर गुजारा नि चलाएकै छन्
कोही डलर पाउन्ड नि देशमा भित्र्याएकै छन्
टुक्रे नेपाल टुक्रीदै, जे जे नाम पाए पनि
स्वायत्तताको लागि, जात-जातका सबै रमाएकै छन्

चामल पाए नपाए नि हाँसेकै छन्
जे भए नि सन्तोषले बाँचेकै छन्
देश जति पछी पछी सुँईकिए नि
नेपाली अघि अघि हुँईकेकै छन्

जीवन एक आजमाइश...!

आजकै लागि धेरै बाँचियो शायद
अब भोलीलाई बाँचीदिएर हेर्छु
जीवन एक आजमाइश त रैछ
नयाँ प्रयोग गरी हेरिदिन्छु

बर्तमाननै सर्वोत्कृष्ट समय भन्छन्
उत्कृष्टटालाई केही अन्तराल बिर्साई दिन्छु
आनन्दै आनन्दले मन भरिई सक्यो
अब बेचैन मनलाई बनाई दिन्छु

हराई दिन्छु हुलमा अझ भित्र
हुलकै पछी आफुलाई दौडाई दिन्छु
भोलीकै सपनामा बाँच्या छन् यी मानब
त्यस्तै कुनै कल्पना साँची बाँची दिन्छु

गोरुको जोताई अनि भेडाको हिंडाई
त्यस्तै केही शायद बनी दिन्छु
जीवन एक आजमाइश त रैछ
नयाँ प्रयोग गरी हेरिदिन्छु

मिठो सम्झनाको डायरीको !

माहोल नै माहोलले भरिएको यो दिल
त्यो माहोल बीचमा सजिएको त्यो पुरानो दिन

त्यो बंगैचा त्यो मिठो कफी ती फुल ती सुवास
त्यो छुट्टिने बेलाको पनि खुशी मनको मिठो संवाद

तिमीले हेरेको मेरो हात, त्यो हत्केलाको रेखीमा
तिमीले देखेको चन्द्रमा र ती रेखीहरुमा तिमीले खोजेकी, तिमी

मुसुक्क हाँसेकी तिमी, गमक्क परेको म
न पाउने केही चाहना, न केही गुमाउने भय

दशक बिते पछी पनि अबिस्मरणिय माहोल
सबैभन्दा सुन्दर बिछोड. सम्झनाको डायरीको !

माहोल नै माहोलले भरिएको यो दिल
त्यो माहोल बीचमा सजिएको त्यो पुरानो दिन

अन्तर्मिलन ...!!!

उनी, उनका ती
म, मेरा ती
ती उनका मेरा
उनी, म। म, उनी ।।

उनी, उनका मौन
मौन मेरा ती
ती मौन उनका मेरा
मौन उनका। मौन मेरा।।

उनी, उनका कामुक
कामुक मेरा ती
ती कामुक उनका मेरा
कामुक उनका। कामुक मेरा।।

उनी, उनका बिलिन
बिलिन मेरा ती
ती बिलिन उनका मेरा
बिलिन उनका। बिलिन मेरा।।

मिलनमा उनी, उनका ती
म, मौन मेरा ती
ती कामुक उनका मेरा
उनी बिलिन । म बिलिन ।।

समयसंगको नयाँ !

शायद लामो थकानले पो हुँदो हो
जिन्दगीमा अघि बढ्दा बढ्दा
यो पटक त सबै कुरा बिर्सि
लामो थकाई मारी दिएँ

आफ्नो पथलाई थाती राखी
अर्कै बाटो हिँडी दिएँ
जानी जानी हराई म त
आफ्नो बाटो बिराई दिएँ

रमाई दिएँ बेसुर्तामा
भोली भन्ने, शब्दलाई नै बिर्साई दिएँ
मनोलोकमै रमाई म त
सारा जगलाई भुलाई दिएँ

तर समयको यो धुर्त तेर्स्या बाटो
पुरानै दोबाटोमै ल्याई मिलाई दियो
त्यो हराउँदाको सब आनन्द
फेरी रहरै जस्तो बनाई दियो

तर केही छैन...

फेरी जीवनको कुनै अन्तरालमा
अन्तै कतै फेरी हराईदिउँला
अहिले भने समयसंगको
नयाँ सम्झौता संगै बढी रमाई दिउँला

शायद लामो थकानले पो हुँदो हो
जिन्दगीमा अघि बढ्दा बढ्दा
यो पटक त सबै कुरा बिर्सि
लामो थकाई मारी दिएँ

एक एक बहाना खोज्दै एक एक बहानामा बाँचेको मान्छे!

भोलीका सुन्दर संम्भावनाहरुमा
बाँच्ने कल्पनामा बाँचेको मान्छे
एक एक बहाना खोज्दै
एक एक बहानामा बाँचेको मान्छे

आ-आफ्नै अस्तिवको कारण ठम्याउँदै
त्यही कारणकै अघि पछी रूमल्लिएका मान्छे
जीवनमा जति नै स्वतन्त्र भनेनी
एक परिधि भित्र सिमित मान्छे

आज भन्दा भोली, जीवनले अझ मिठो
लड्डु खुवाउने आशमा, रमेका मान्छे
त्यही आशमा हरदम, साँस फेर्नै फुर्सद नपाएका
तल्लिन, ब्यस्त मान्छे नै मान्छे

प्राणीहरुमा सबभन्दा बुद्धिमान भएर होला
सबैभन्दा जटिलतामा बाँचेका मान्छे
मान्छे मान्छेले बुनेको समाजरुपी धागोको
गाँठै गाँठोमा अल्झिएको मान्छे

भोलीका सुन्दर संम्भावनाहरुमा
बाँच्ने कल्पनामा बाँचेको मान्छे
एक एक बहाना खोज्दै
एक एक बहानामा बाँचेको मान्छे

यथार्थतामा फर्कने कोशिशमा छु !

रमझमको माहोललाई बिसाएर
यथार्थतामा फर्कने कोशिशमा छु
खुशीमात्रले कहाँ चल्दो हो र जीवन !
पुरानै पट्ट्यार लाग्दो दिनचर्यामा
बाध्यताले मोडींदै छु

मन देखि पढाई देखि
बैंकमा रहेको खातासम्म
चर्केका ढलेका सबै छरिएका ब्यथासम्म
सबैलाई एक एक गरी
सन्तुलनमा ल्याउने कोशिशमा छु

रमझमको माहोललाई बिसाएर
यथार्थतामा फर्कने कोशिशमा छु
खुशीमात्रले कहाँ चल्दो हो र जीवन !
पुरानै बाध्यताहरुको दिनचर्यामा
नचाही नचाही जसो तसो मोडींदै छु

तिहारलाई स्वागत छ मनै फुकाएर जम्नु पर्छ देउसी भैलो मादल ठटाएर !

तिहारलाई स्वागत छ
मनै फुकाएर
जम्नु पर्छ देउसी भैलो
मादल ठटाएर

लक्ष्मी पूजा गर्नु पर्छ
दियो जलाएर
सेल रोटी खानु पर्छ
टन्न रमाएर

तिहारलाई स्वागत छ
मनै फुकाएर
जम्नु पर्छ देउसी भैलो
मादल ठटाएर

कौडा पनि जमाउनु पर्छ
च्याँखे थपाएर
निधार पञ्च रङ्गले रङगाउनु पर्छ
टिका सजाएर

तिहारलाई स्वागत छ
मनै फुकाएर
जम्नु पर्छ देउसी भैलो
मादल ठटाएर

नाचगान, दियोबत्ती
सब धोको पुर्याएर
रमाउँ है सबले यो तिहार
रङगिन बनाएर

तिहारलाई स्वागत छ
मनै फुकाएर
जम्नु पर्छ देउसी भैलो
मादल ठटाएर

अगाडी हेर्यो ठाडो उकालो पछी फर्क्यो कि भीर छ!

अगाडी हेर्यो ठाडो उकालो
पछी फर्क्यो कि भीर छ
जीवनको यो कस्तो गोरेटो
जता लागे नि पिर्छ

गन्तब्य छ एकातिर
बाटो घुम्या घुम्यै गर्छ
कदम बढाउनु छ अघि थाहा छ
पाईलाले साथ नदिएर पिर्छ

अगाडी हेर्यो ठाडो उकालो
पछी फर्क्यो कि भीर छ
जीवनको यो कस्तो गोरेटो
जता लागे नि पिर्छ

थकाई मार्यो कि यो गोरेटोमा
पक्कै अबेर हुने डर छ
जे सुकै होस् भनी मतलब नगर्यो
आकांक्षाहरुले मन झनै पिर्छ

अगाडी हेर्यो ठाडो उकालो
पछी फर्क्यो कि भीर छ
जीवनको यो कस्तो गोरेटो
जता लागे नि पिर्छ

त्यो एउटा पातली मोरी छे !

त्यो एउटा पातली मोरी छे
सताई मात्र रन्छे
घुमाई फिराई मायाकै कुरा
खोर्‍याई मात्र रन्छे

माया नपाउने अभागी रे
गुनासो सुनाई रन्छे
यो मायानै माया पाउने अभागीलाई
मायाको अर्थ सम्झाई रन्छे

फेरी मायामा पर्ने रहरै छैन
कस्ती होली, आँखामा टोलाई रन्छे
उसको माया नौलो छ रे
बातैमा भुलाई रन्छे

तिम्रा हरेक अलंकारमा भुल्छु भन्छे
मुसुक्क मुस्काई रन्छे
त्यो एउटा पातली मोरी छे
सताई मात्र रन्छे

फेरी नौलो रचनामा !

छरिएछु जिन्दगीमा
हिंड्दा हिंड्दै छितरिएछु
समयलाई सम्हाल्न खोज्दा खोज्दै
खोई कुन पल म त बिखरिएछु

बिस्तारै बटुल्दै छु आफैंलाई
पल पल फेरी गूँथ्दै छु
छरपस्ट आफ्ना सारा असबाब
सम्हालेर फेरी संगाल्दै छु

मुस्किले छर्लङ रात कट्यो
थकित, मिर्मिरेमा बल्ल निदाउँदै छु
चिसो रातको त्यो नमिठो सिरेठो
घामको न्यानो किरणसंगै भुलाउँदै छु

जिन्दगीले खेलेको त्यो पुरानो नाटक
च्यातेर आगोमा जलाउँदै छु
नयाँ कलम, नयाँ आबरण
फेरी नौलो रचनामा रमाउँदै छु

स्मृतिको पानामा समेटिने !

अजम्बरी भन्ने के नै रहेछ
केवल यादै मात्र त अजर रहेछ
खोई केलाई पो सधैं आफ्नो भन्नु
जीवनको यात्रानै पारिमित रहेछ

चिरकाल रहने के नै रहेछ
केवल स्मृति मात्र त अमर रहेछ
खोई केलाई पो सधैं शाश्वत रहने भन्नु
जीवनको अनन्ततानै नश्वर रहेछ

अपार भन्ने जीवनमा के नै रहेछ
केवल परिधिमा बाँधीएको भाव त रहेछ
खोई केलाई पो सधैं असीम भन्नु
जीवनको अनादीता नै परीलिखित रहेछ

जीवनमा आफ्नो लाग्ने सारा भीड
न अमर न अनादी, मनोरथ रहेछ
केवल स्मृतिको पानामा समेटिने
जीवन एक स्मरण किताब मात्र रहेछ

अजम्बरी भन्ने के नै रहेछ
केवल यादै मात्र त अजर रहेछ
खोई केलाई पो सधैं आफ्नो भन्नु
जीवनको यात्रानै पारिमित रहेछ

तिम्रो ....!

ती रसिला आँखामा
पोतिएका ती गाजल
सजाईएका ती परेली
त्यो घायल पार्ने नजर

त्यही आँखामा रसियो
गाजलुमै बस्यो यो मन।।
परेलीमै सजियो
नजरमा डुब्यो यो मन।।

फेरी ती सुन्दर ओंठमा
हल्किएका ती श्रिंगार
टल्किएका ती गुलाबजल
त्यो लट्ठै पार्ने मुस्कान

त्यही ओठमा मदहोशियो
श्रिंगारमा रङ्गियो मन।।
त्यो गुलाबजलको स्वाद बस्यो
मुस्कानमा रम्यो जीवन।।

तिम्रो ....!

आशाको किरण !

भूल नगर्ने को होला
ब्यथा नलुकाउने को होला
जिन्दगीको मोड मोडको फरक परीक्षामा
कहिल्यै एक पटक नि गल्ती
नदोहर्याउने को होला !

दु:खमा नि नरमाएको को होला
हाँस्न मात्र पाएको को होला
गल्ती गल्तीले पाठ सिकाउने जिन्दगीमा
कहिल्यै एक पटक नि चोट
नखाएको को होला !

भूल नगर्ने को होला
ब्यथा नलुकाउने को होला
जिन्दगीको मोड मोडको फरक परीक्षामा
कहिल्यै एक पटक नि गल्ती
नदोहर्याउने को होला !

समयले नलडाएको को होला
पाइला नलड्खडाएको को होला
जिन्दगीले जतिनै हराउन खोजे पनि
नयाँ आशाको किरण सँगै जीवन
नबढाएको को होला !

आज कोजाग्रतसँगै दशैंले बिदाई माग्दै छ!

अब आज कोजाग्रत सँगै
दशैंले बिदाई माग्दै छ
तिहारको रमझममा रम्न
निम्तो छोडेर जाँदै छ

खसी सँगै दशैं आयो
चङ्गा सँगै दशैं उड्यो
ताससंगै खेल्यो रम्यो
दारुसगै दशैं मिठो नाच्यो

दशैंले मान्यजन सँग टिका लायो
कानमा हरियो जमरा सिउरियो
अनि दशैंसंगै हामी ठट्टा गर्दै
मनका रहर सब पुर्याईयो

यति उमङ्ग ल्याएको दशैंलाई
मनमा घडा राखी बिदा दिंदै
कोटी कोटी आभार ब्यक्त गर्दै
कोजाग्रत सँगै सुखद् बिदाई !

दशैंले छोडेको तिहारको निम्तो स्विकारी
दिपावलीमा झन् रमाउनु पर्छ
दशैं आँफैं दशैंमा रमाए झैं
तिहारलाई नि मिठो रङ्गाउनु पर्छ

तिहारको रमझममा रम्न
निम्तो छोडेर जाँदै छ
अब आज कोजाग्रत सँगै
दशैंले बिदाई माग्दै छ

एक अन्जान कौतुहुलता ...!!!

कलेज आउने मन त थिएन
तर घुम्दै घुम्दै यतै आईयो
तिमीलाई हेर्ने बहाना सही
नजरको भाका बुझ्ने रहर सही

जब म क्लासमा बस्छु
ध्यान दिएर लेक्चर सुन्छु
त्यो मेरो एकाग्र ध्यान मोड्दै
तिमी मलाई टोलाई हेर्छौ

तिम्रो नजर सँग बोल्न खोज्छु
शब्द खोज्छु, वाक्य खोज्छु
केही भनी हालुँ जस्तो लाग्छ
तिमी फेरी नजर मोड्छौ

छुट्टी हुन्छ बहिरिन्छौ पहिले
तर पाईला यति ढिलो चाल्छौ
फेरी फर्की फर्की पछाडी तिमी
नजरले आफ्नो मलाई तान्छौ

बोलुँ भने के पो बोलुँ
भनुँ भने के पो भनुँ
सोच्दै सोच्दै बढ्दै बढ्दै
निर्क्योल गर्छु म केही त भन्छु

तिम्रो नजर सँग बोल्न खोज्छु
तर फेरी तिमी नजर मोड्छौ
म शब्द खोज्छु, वाक्य खोज्छु
फेरी तिमी मलाई टोलाई हेर्छौं

एक अन्जान कौतुहुलता ...!!!

सम्झनाका सारा फूललाई !

पुराना यादका थुङ्गाहरु
चौतारीमा बिसाउँदै छु
भञ्ज्याङमा लामो सुस्केरा लिंदै
म त यात्री, यात्रा बढाउँदै छु

त्यो ओराली, त्यो उकाली
सम्झनाका सारा फूललाई
देउरालीमै भाकल चढाई
आफुलाई लेकतिर लम्काउँदै छु

हरिया खर्क, मनोहर लेक
सुन्दर बिषालु फूलहरु
पत्थरिला बाटा, पातलिएको हावा
सबको नयाँ साथमा रम्दै

पुराना यादका थुङ्गाहरु
चौतारीमा बिसाउँदै छु
भञ्ज्याङमा लामो सुस्केरा लिंदै
म त यात्री, यात्रा बढाउँदै छु

केही कुराको त अभाव छ!

जीवन शायद अझ सुन्दर थियो
तिम्रो सामिप्यताको आभाशमा
तिम्रो यादको मात्र साथ छ
केही कुराको त अभाव छ!

तर सोचे जस्तो एक्लो छैन
सबैको झन् मिठो साथ छ
जीवन पहिले जस्तै नरङगिएनी
छुट्टै रङिएको आभाश छ

घामको बैजनी किरणमा
अन्ध्यारिएका रहरहरु
जुनको सेतो प्रकाशको
श्वेततामा उज्ज्यालीएको छ

बिपनीका सबै अपुरा
ती मिठा कल्पनाहरु
सपनीमै भएपनि
निंन्दरीले पुर्याईदिएको छ

जीवन शायद अझ सुन्दर थियो
तिम्रो सामिप्यताको आभाशमा
तिम्रो यादको मात्र साथ छ
केही कुराको त अभाव छ!

भत्काईएको मनको भग्नाबशेष पन्छाउँदै छु !

शायद भत्काईएको मनको
भग्नाबशेष पन्छाउँदै छु
बचेका खुशीसँग रमाएर
गुजारा चलाउँदै छु

कसैसँग मिलेर रङगाएको
यो क्यानभास रुपी मनलाई
कसै बिना नै हस्ताक्षर गरी
अपुरै शायद टुङ्ग्याउँदै छु

उज्यालो मात्र अघि हुँदा
पछी लाग्ने छाँयाले छोडे पनि
अन्धकारबाटै नयाँ उज्यालोतिर
शायद पाईला लम्काउँदै छु

शायद भत्काईएको मनको
भग्नाबशेष पन्छाउँदै छु
बचेका खुशीसँग रमाएर
गुजारा चलाउँदै छु

नजिक नआउ यो मनतिर!

तिमी नजिक नआउ यो मनतिर
घावै घाऊले भरिएको छ
नखोज हेर्न नियालेर यसलाई
अनगिन्ती नामहरुसँग जोडीएको छ

ब्यर्थ कोशिश के गर्छौ माया दिने
लुटाईएको मायाको खजाना नै छ
के जलाउँछौ यसमा प्रेमको दिप
बल्दा बल्दा खरानीएको छ

प्रचण्ड तापमा के पानी हाल्छौ
केवल बाफ भई उडी मात्र जान्छौ
चिरा चिरा भई फाटेको ठाउँमा
किन सपनिको फुलबारी सजाउँछौ

तिम्रो सुन्दर दुनियाँ शायद अन्तै कतै छ
किन यो आँखामा नजर अडाउँछौ
म यस्तै छु बरु यस्तै रहन देउ
ब्यर्थ किन त्यो आफ्नो मनलाई सताउँछौ

तिमी नजिक नआउ यो मनतिर
घावै घाऊले भरिएको छ
नखोज हेर्न नियालेर यसलाई
अनगिन्ती नामहरुसँग जोडीएको छ

एउटा रहर लुकेको थियो

एउटा रहर लुकेको थियो
शायद कता कता कतै मनमा
हराई पो गयो, बिलाई गयो
सधैं जस्तै यो जीवनमा

केही छैन, रहर मात्र थियो
अर्कै रहर गरी भुली दिउँला
अन्तै कतै पुग्थें शायद
अब अन्तै कतै पुगी दिउँला

परिस्थितीलाई दोष दिई
आफु कतै पन्छीई दिउँला
समयलाई नै गलत भनी
आफु सङ्लो बनी दिउँला

एउटा रहर लुकेको थियो
शायद कता कता कतै मनमा
हराई पो गयो, बिलाई गयो
सधैं जस्तै यो जीवनमा

रिमझिम रिमझिम पानी पानी

रिमझिम रिमझिम पानी पानी
म म उनी उनी
हेर्दै हेर्दै आँखा आँखा
सँगै सँगै डुबी डुबी

गहिरो गहिरो कहाँ कहाँ
मन मन मिली मिली
तैरी तैरी फेरी फेरी
मुटु मुटु धड्की धड्की

रमी रमी मिठो मिठो
माया माया साटी साटी
अनि अनि फेरी फेरी
हराई हराई कता कता

रिमझिम रिमझिम पानी पानी
म म तिमी तिमी
हेर्दै हेर्दै आँखा आँखा
सँगै सँगै डुबी डुबी

पुराना यादै यादमा हराई रहुँ जस्तो

पुराना यादै यादमा हराई रहुँ जस्तो
कल्पना मैं कतै रमाई रहुँ जस्तो
बिपनीको यथार्थ भन्दा
सपनीमै बिलाई रहुँ जस्तो

आकाशको गहिराईलाई भेट्न खोजुँ जस्तो
कपास जस्तो बादललाई समाउन खोजुँ जस्तो
मदहोशीको मिठास भन्दा
बेहोशीमै रमाउँ जस्तो

अन्योलमै कतै बरालिईरहुँ जस्तो
जानी जानी यात्रा आफ्नो लम्ब्याई रहुँ जस्तो
हर गन्तब्य एक शुरुवात भन्छन्
बरु कतै नपुगी केही शुरुवातै नगरुँ जस्तो

पुराना यादै यादमा हराई रहुँ जस्तो
कल्पना मैं रमाई रहुँ जस्तो
बिपनीको यथार्थ भन्दा
सपनीमै कतै बिलाई रहुँ जस्तो

जल्दा जल्दा खरानी भएको मान्छेलाई!

मेरो सुर्ता नगर्नु, म सोची मन नपिर्नु
यादै यादमा जल्दा जल्दा खरानी भएको मान्छेलाई
फेरी तिमी एकपल्ट जलाउँला नसोच्नु

आफु नजल्नु, मनलाई नपोल्नु
मेरा यादका घाउहरु कता कता चहर्याए
मलाई नै बिर्सी बरु मल्हम लगाउनु

हिजो हाँसोमा तिम्रो, मेरो खुशी थियो
आज तिम्रो खुशीमा, मेरो हाँसो अडेको छ
त्यही खुशीको लागि आफ्नै मनलाई दागबत्ती हासीं दिएँ

अब मेरो यादको जुठो नबारी तिमी बस् अघि बढ्नु
आफ्ना कर्तब्य लक्ष्य सारा चिताएझैं पुरा गर्नु
तिमीले भने जस्तै कुनै दिन फेरी मन ब्युँताई दिउँला

अमृत तिम्रो साथको छर्की, फेरी साथ जीवन अघि बढाईदिउंला
तर मेरो सुर्ता नगर्नु, म सोची मन नपिर्नु
जल्दा जल्दा खरानी भएको मान्छेलाई फेरी एकपल्ट जलाउँला नसोच्नु

बिदा दिएँ चाँदनीलाई

बिदा दिएँ चांदनीलाई
किरणसँगै बिलाई गई
फेरी साँझको आगमन सँगै
तर झुल्किने एक आशा दिंदै

लामो रातले पट्ट्यार लगायो
ग्रहण र कालो बादलले हैरान बनायो
धर्ती सँगको एकाग्र मायामा
मात्र एक बिबश कर्तब्यको आभाश दिलायो

शायद प्रक्रितीको नियम
झुल्के पछी डुब्नु पर्ने
बस् उदय र अस्त बिचको
पल्हरुबिच जिन्दगीलाई खोज्नु पर्ने

बिबशता बाट मुक्ती दिएँ
पिंजडा बाट उडाईदिए
बिदा दिएँ चांदनीलाई
किरणसँगै बिलाई गई

समयलाई नै केही पल समय दिई पर्खि दिन्छु!

जीवनका अप्ठेरा मोडलाई
तिमी दृढताले सामना गर
नेपथ्यमै छु आज सही
तर हरपल तिम्रो साथ दिन्छु

शायद रुमल्लिएँ क्यारे म नि
तिम्रो तुफानी मोडको आगमनमा
बुझें, सम्हालिएं ढिलै सही
प्रण छ, अझ प्रगाढ साथ दिन्छु

शायद समय साथ उडी जान्छ
यो आंधीको बेग पनि
समयलाई नै केही पल म
समय दिई पर्खि दिन्छु

जीवनका अप्ठेरा मोडलाई
तिमी दृढताले सामना गर
नेपथ्यमै छु आज सही
तर हरपल तिम्रो साथ दिन्छु

"अप्रतिस्थाप्य" साथ!

कति साथ हुँदा रहेछन्
खुशी हुँदा रम्नलाई
कति साथ हुँदा रहेछन्
दुःख पनि बाँड्नलाई

कति साथ हुँदा रहेछन्
गिलास मात्र ठोक्नलाई
कति साथ फेरी रहेछन्
सुखमा मात्र हाँस्नलाई

कति साथ हुँदा रहेछन्
खल्ती टन्न हुँदा मात्रलाई
कति साथ अमुर्त फेरी
अमुर्ततामै शायद रहनलाई

तर आज जीवनमा तिमीले
एउटा नयाँ साथको मनोभाश दिलायौ
"अप्रतिस्थाप्य" साथ नि हुन्छ
भन्ने गहिरो एक आभाश दिलायौ

तिम्रो साथ...

यादै यादका पन्नाहरुमा

लड्दै लड्दै अघि बढेको म मान्छे
फेरी लडें के नौलो भो!
शायद चोटै चोटको माला भिरेको मनले
फेरी चोट खायो के नौलो भो!

सपनाका धेरै महलहरु जीवनमा
भत्केकै हुन्, भत्क्यो के नौलो भो!
शायद इच्छा र आकांक्षाको बाढी चली रहने मनमा
फेरी भेलले अर्को पुल बगायो के नौलो भो!

लड्दै लड्दै अघि बढेको म मान्छे
फेरी लडें के नौलो भो!
शायद चोटै चोटको माला भिरेको मनले
फेरी चोट खायो के नौलो भो!

यादै यादका पन्नाहरुमा
फेरी अर्को थपियो के नौलो भो!
शायद साथीहरु छुट्ने मिल्ने यो जीवनमा
फेरी साथ छुट्यो के नौलो भो!

लड्दै लड्दै अघि बढेको म मान्छे
फेरी लडें के नौलो भो!
शायद चोटै चोटको माला भिरेको मनले
फेरी चोट खायो के नौलो भो!

किन कठोर कोही !

म निस्ठुरी त भएको छैन
तर किन कठोर कोही
माया त झन् बढी गर्छु
तर किन निर्मोही कोही

शायद जिन्दगीले थकायो वा
जिम्मेवारीले सतायो कि
माया माया भन्दा भन्दै
थकानमा प्रेम पो कतै हरायो कि

कसैसँग नजर जुधेको छैन
तर किन शंकालु कोही
मनमा सजाई राखेको छु
तर किन रिशालु कोही

शायद धेरै पो आकांक्षा राखें वा
बेचैनी ले पो सतायो कि
उनको माया गर्ने तरिका बुझ्न
दिमागले पो नभ्यायो कि

खोइ, म निस्ठुरी त भएको छैन
तर किन कठोर कोही
माया त झन् बढी गर्छु
तर किन निर्मोही कोही

"तरवार नै रोज्छु"

आंट गरेर रहर गरें
चल्ने तरवारको धारमा
चोट लाग्यो रहर पुर्‍याएँ
तर अब त झन् तरवार नै रोज्छु

अनुभबी भएँ, धार बङ्ग्याउँछु
तरवारको धारले घाऊ लगायो
तरवार मै हिंडी घाऊ भर्छु
तर अब त झन् तरवार नै रोज्छु

काटे झन् धेरै, बरु सिउँछु
बुझें झन् अब त तरवारलाई
मित्रता गांस्छु धारसंगै
तर अब त झन् तरवार नै रोज्छु

बरु सिकाउंछु अरुलाई धारमा चल्न
गर्छु सामना हर तिखो पनलाई
कतही हार मान्दिन म त अगि बढ्छु
अब त झन् तरवार नै रोज्छु

४१

मनको बाघ!

सत्य भन्दा कल्पनाका
कुरामा मन खेलाएर
यथार्थलाई रहस्यको
भुमरी भित्र डुलाएर

बेहोश त हैन
होश हराए जस्तो भा छ
खुट्टा लर्बरिएर कमजोर
नटेकिएला जस्तो भा छ

के भाको होला यो मन
पगला जस्तो भा छ
बसन्तको आगमन मा नि
हिमपाते उराठ मौसम जस्तो भा छ

थाहा छ यो मनको
बरालिएको सोच हो
कालो बादल ओइरिने बित्तिकै
खुला हुने आकाश रुपी सोच हो

तर कहाँबाट आएर यहाँ
भित्र बसे जस्तो भा छ
मनलाई छलित, भ्रमित, त्रशित पार्ने
बाघ...डरलाग्दो...मनको बाघ!

जीवनमा भन्दा पैसामा धेरै रमेका

जीवनमा भन्दा पैसामा धेरै रमेका
खुशी भन्दा धेरै, सुखी हुन खोजेका
बर्तमानलाई भन्दा भविष्यलाई धेरै बुझेका
जिन्दगीमा भन्दा बन्दगीमा डुबेका

बिबश र स्वार्थी समाज देखी
मलाई टाढै राखिदेउ
मलाई आफ्नै जिन्दगीको
गोरेटोमा रम्न देउ

पञ्च मकारमा रमेका
सिमित सोचाईमा बिलाएको समाज देखी
मुद्रा, मांश, मत्स्य, मैथुन र मद्यमा
हराएको समाज देखी

मलाई केही कोश भएपनि
टाढा एक्लै छोडी देउ
मेरै जिन्दगीको मलाई
आनन्दबादमा रम्न देउ

जीवनमा भन्दा पैसामा धेरै रमेका
खुशी भन्दा धेरै, सुखी हुन खोजेका
बर्तमानलाई भन्दा भविष्यलाई धेरै बुझेका
जिन्दगीमा भन्दा बन्दगीमा डुबेका

"जीवन" भन्ने शब्दको सही अनुवाद मिल्दो रहेछ !

घामको ढल्काईलाई
चुम्न पाउंदा यो मन

पवनको लहर सँगै
लहरिन पाउंदा यो मन

बादलुको उडान संगै
उड्न पाउंदा यो मन

सागरको छाल संगै
बहन पाउंदा यो मन

यसै प्रकृतिमा कतै
हराईदिंदा यो मन

आफ्नो अस्तित्व नै बिर्सी
रमाईदिंदा यो मन

जीवनका ब्यर्थ अर्थ भुली
आँफैंमा बिलाईदिंदा यो मन

हर सांसमा बसेको लाखौं
कणलाई स्पर्श गर्दा यो मन

बल्ल शायद जिन्दगीको
मिठो आभाश मिल्दो रहेछ

"जीवन" भन्ने शब्दको
सही अनुवाद मिल्दो रहेछ

ईच्छालाई दुःख अनि सन्तुष्टीलाई सुख सम्झ्यो !

धेरै सोच्नु नै बेकार जस्तो
कपाल मात्र झार्नु जस्तो
जस्तो आउंछ त्यस्तै टर्छ
ब्यर्थ टाउको केलाई दुखाई जस्तो

मुस्कुराउंदै अघि बढ्यो
अहिलेको सांस खुशीमा फेर्यो
कसैलाई थाहा नभएको आफ्नो आयु
सकेसम्म हरपल हर्सित भई खर्च्यो

आफुलाई जे ठीक लाग्छ त्यही गर्यो
जे रुच्छ त्यही खायो
जहाँ निन्द्रा लाग्छ त्यही पल्टियो
जे मन पर्छ त्यही लायो

सकेसम्म खल्ती भर्यो
नसकेनी खाली न गर्यो
ईच्छालाई दुःख सम्झी
सन्तुष्टीलाई सुख सम्झ्यो

भएका रहर सबै बिस्तारै पुग्लान्
यो पाइलाले बिस्तारै संसारै टेक्लान्
समस्या भएका सबै बिस्तारै टर्लान्
आजभन्दा भोलीका पल प्रगतीतिरै बढ्लान्

त्यसो भए धेरै के सोचाई भो र
झरिराको कपाल झन् के झराई भो र
जीवन, जस्तो आउंछ त्यस्तै टारुंला
ब्यर्थ टाउको केलाई दु:खाई भो र !

धेरै सोच्नु नै बेकार जस्तो
कपाल मात्र झार्नु जस्तो
जस्तो आउंछ त्यस्तै टर्छ
ब्यर्थ टाउको केलाई दुखाई जस्तो

एकदिन सागरको किनारामा!

सागरको बिशालता
चन्चल लहर
नीलो गगनमा फुस्फुसे बादल
अनि किनारामा मेरो प्रतिबिम्ब

मान्छेको जमात
गहिराई देखी डराई रहेको जमात
ती अग्ला छालमा पनि
रमाई रहेको जमात

त्यहीं म जस्तै फेरी
हराई रहेको जमात
किनारा मैं बसेर
रमाई रहेको जमात

भोली देखी डराई रहेको जमात
आज रमाई रहेको जमात
बर्तमानलाई जस्ता तस्तै
स्विकारी रहेको जमात

लामो यात्रा गरेर यहाँ सम्म
आईपुगेको जमात
आफ्नो रहर तृप्त पारी
फर्किन लागेको जमात

घामको भरोशामा
अडेको मेरो प्रतिबिम्ब
गुरुत्वाकर्षण भरोसे सागरका लहर
बेठेगाने फुस्फुसे बादल...अनि म

एकदिन सागरको किनारामा...

के रहेछ खै यो जीवन भन्ने?

जीवन भनेको खै के रहेछ
अझै बुझ्ने प्रयासमा छु
रहस्य खोल्ने आशा लिई
शायद उत्खनन् कै गोरेटोमा छु

पैसा र उपभोग मात्र हो कि
भने धर्मले झैं मुक्ती पो हो !
परोपकार ठुलो हो कि
या जीवन बस् एक जीवन नै हो!

परिवारिक सुख: हो कि
प्रियसी को प्रेम पो हो !
मनले चाहेका सारा रहर पुर्याँउने
या केवल मात्र रहर पो हो !

ठुलो मान्छे बन्ने हो यो जीवन
कि पढाई सकाई गर्ब गर्ने !
देशलाई केही गरेर पो
सफल हुने हो यो जीवन !

खोई यो जीवन भन्ने के रहेछ
बडो बिचित्रको हुँदो रहेछ
जति गहिरियो उति गहिरो जस्तो
आकाशको उचाई झैं पो हुँदो रहेछ

खै कसै सँग उत्तर छ कि!
सांच्चै के रहेछ त यो हाम्रो जीवन
दुई मुठी सास बीचको सोच मात्र हो कि !
सरल उत्तरै नभएको प्रश्न हो जीवन

के रहेछ खै यो जीवन भन्ने
अझै बुझ्ने प्रयासमा छु
रहस्य खोल्ने आशा लिई
शायद उत्खनन् कै गोरेटोमा छु

एउटा असल साथीले जीवनमा !

एउटा असल साथीले जीवनमा
कहाँबाट कहाँ पुर्‍याउंदो रहेछ
हरेक अप्ठेरो मोड गार्हो पलमा
सरलताको अनुभुती दिलाउंदो रहेछ

एक्लिएको महशुस भएको बेला
अंगालोको आभाश दिलाउंदो रहेछ
रुन मन लाग्ने गोरेटोहरुमा नि
मिठ्ठो मुस्काउन सिकाउंदो रहेछ

भिखारी जस्तो हालतमा पनि
धनाढ्य झैं दिल खिलाउंदो रहेछ
बाटो नै नभएको ठाउँमा पनि
निकाश नयाँ पैल्याउंदो रहेछ

यात्रीको साथ पनि अचम्मको
दोबाटो हुँदै चौबाटोमा फेरिंदो रहेछ
तर यो मन साफ र रसिक भईदिए
साथ मोड मोडमा अनमोल मिल्दो रहेछ

फेरी त्यही नयाँ साथले जीवनको
नयाँ यात्रा सरल बनाउंदो रहेछ
फेरी अर्को दोबाटोले नछुट्टाए सम्म
जीवन मनोरमतामा सजाउंदो रहेछ

एउटा असल साथीले जीवनमा
कहाँबाट कहाँ पुर्याउंदो रहेछ
हरेक अप्ठेरो मोड गार्हो पलमा
सरलताको अनुभुती दिलाउंदो रहेछ

एउटा अतृप्त प्यासमा मदहोशिन थालेछ!

एउटा अनौठो प्यासमा
बियरिन थालेछ
हर सन्ध्या आजकल किन हो
मदहोशिन थालेछ

एउटा मोहक प्यासमा
व्हिस्किन थालेछ
हर यस्तो उस्तो आभाशमा किन हो
माधुरिन थालेछ

एउटा अतृप्त प्यासमा
वाईनिन थालेछ
हर सेपिलो चौतारीमा किन हो
चुस्किन थालेछ

एउटा मनोरम प्यासमा
रक्सिन थालेछ
हर मोडहरुमा मन किन हो
रमाईदिन थालेछ

आँखा कमजोर भएर के भो र!

आँखा कमजोर भएर के भो र
नजर कमजोर नभईदिए जाती भो
मन कमजोर भए नि के भो र
हृदय बिशाल भईदिए निको भो

ओंठ सुख्खा भएर के भो र
मिठो मुस्कान छाईदिए बेसै भो
जीवन छोटो भएर के भो र
पलक्षण मिठा आईदिए खाषै भो

साथ छोटो भए नि के भो र
याद अजम्बरी भई दिए सुन्दरै भो
यात्रा छोटो भए नि के भो र
सहयात्री मनमीत भईदिए राम्रै भो

खल्ती नभरिएनी के भो र
खाली नभए बेसै भो
जीवनमा लक्ष्य चन्द्र नै भए नि के भो र
निरन्तर प्रयास अघि बढे उत्तमै भो

आँखा कमजोर भएर के भो र
नजर कमजोर नभईदिए जाती भो
ओंठ सुख्खा भएर के भो र
मिठो मुस्कान छाईदिए बेसै भो

बिरानो ठाउँको मोहले नेपाललाई बिर्साएछ!

जीवनले कहाँ डोर्याएर
कुन बिरानो देशमा लिई आएछ
यही बिरानो ठाउँको मोहले
मेरो नेपाललाई बिर्साएछ

ती मन्दिर, देवल, पाटी पौवा
ठुला ठुला घरको जिन्दगी बीच हराएछ
सधैं मान्ने चाड पर्व
खै कुन संस्क्रिति बीच बिलाएछ

नेपाली नेपाली बीच अंग्रेजी बोल्ने
नयाँ माहोलले समाएछ
बिलाशिताले भनुं या डलरको देन
नेपाललाई धिक्कार्ने मन नि पलाएछ

नाता गोता सबलाई बिदेशै बोलाउने
नयाँ चलनको हावा लाएछ
खोइ के हो के हो नेपाल को चाला नि
नेपाली भनी गर्ब गर्ने रहर नि हराएछ

जीवनले कहाँ डोर्याएर
कुन बिरानो देशमा लिई आएछ
यही बिरानो ठाउँको मोहले
मेरो नेपाललाई बिर्साएछ

जीवनमा फेरी बहार आएको छ!

यो जीवनमा फेरी मिठो
मुस्कान छाएको छ
तिम्रो साथ पाएको छु
दिलमा बहार आएको छ

फूलको सुबाश भन्दा
तिम्रो प्रेमको आभाश मिठो
जीवनका हर प्राप्ति भन्दा
तिम्रो हांसोको मिठास मिठो

तिमी छौ त यो दुनियाँ हाक्ने
फेरी आंट पलाएको छ
बन्झर यो मनमा पनि
मरुउद्यान छाएको छ

केवल साथ देउ तिमी
मैले थाम्ने हाथ मात्र देउ
जीवनको हर गाह्रो मोडमा
मायाको आभाश मात्र देउ

जीवनको हर लक्ष्य भेदी
बिजयी हुँदै जाउंला
फेरी नयाँ नयाँ सपना सजाइ
प्रीतमा रमाउंला

जीवनका हर दु:ख जति
खोइ कता हराएको छ
यो भौंतारीएको यात्रीले
नयाँ गन्तब्य पैल्याएको छ

तिम्रो साथ पाएको छु
दिलमा बहार आएको छ
यो जीवनमा फेरी मिठो
मुस्कान छाएको छ

नहेर मलाई त्यो गहिरो नजरले

नहेर मलाई त्यो गहिरो नजरले
बहकिने मात्र डर हुन्छ
पुरा हुन नसक्ने रहरहरु
छछल्ल्किने मात्र डर हुन्छ

त्यो अत्तरको सुबाशमा तिम्रो
नचाहे पनि मन मदहोश हुन्छ
अधरको हरेक मुस्कानमा
मिठो पनाको आभाश हुन्छ

तर फुलमा तिमी गुलाफ जस्ती
यो बन्झरे कांडामा के भर हुन्छ
भमरा भुन्भुनाउने तिम्रो सुबाशमा
एक फिर्फिरे पुतलीको आभाश हुन्छ

बरु नजिक नआई गुण लगाइदेउ
कमजोर हुने डर हुन्छ
यी मनका ब्यर्थ इच्छाहरुमा
तड्पिने मात्र डर हुन्छ

नहेर मलाई त्यो गहिरो नजरले
बहकिने मात्र डर हुन्छ
पुरा हुन नसक्ने रहरहरु
छल्छल्किने मात्र डर हुन्छ

सोच्छ यो मन के होला जीवन भने जस्तो सबै पाए

यस्तो पाए, उस्तो पाए
सोचे जस्तो सबै पाए
सोच्छ यो मन, के होला जीवन
भने जस्तो सबै पाए

बादलुको यात्रामा सधैं
साथी बन्न पाए
हावाको तरङ्गसँगै
बही रहन पाए

फुलको सुबाशमा
रमि रहन पाए
सागरको लहरसँगै
तैरी रहन पाए

मदहोशीमा जीवन
झुमी रहन पाए
५ डलरको लटरीमा
मिलियन डलर पाए

संसारको कुना कुनामा
रमि हिंड्न पाए
जिन्दगी को रहर इच्छा
सबै पुग्न पाए

भाग्यमानी जीवनमा हामी
सपना देख्ने त सामर्थ छ
सपना देख्ने पनि सपना देख्ने
करोडौंको मुहारमा मुस्कान ल्याउन पाए

यस्तो पाए, उस्तो पाए
सोचे जस्तो सबै पाए
सोच्छ यो मन, के होला जीवन
भने जस्तो सबै पाए

अभिलाषा नै अभिलाषा!

अभिलाषा नै अभिलाषा
भरिएको जिन्दगी
तृष्णा अनि तृप्तिमा
रुमल्लिएको जिन्दगी

रहर अनि सपनामा
उडान भरिरहेको जिन्दगी
आ-आफ्नै सोच सही मान्दै
बांचिरहेको जिन्दगी

एकमुठी सासमा अडेको
करोडौं इच्छाको जिन्दगी
आनन्दको खोजीमा
भौंतारिरहेको जिन्दगी

अभिलाषा नै अभिलाषा
भरिएको जिन्दगी
तृष्णा अनि तृप्तिमा
रुमल्लिएको जिन्दगी

भीडै भीडमा रुमल्लीएको!

सुनौलो सपनाहरु सँगै
हजार रहर बोकेका मान्छे
भबिष्यको मिठो कल्पनामा
आज बांच्न बिर्सेका मान्छे

जीवन सुखसँग बिताउन
दिनरात दौडी रहेका मान्छे
सन्तुष्टीको खोजीमा
हरदम असन्तुष्ट मान्छे

भीडै भीडमा हराएका
हुलका हुल मान्छे
अस्तित्व आफ्नो आँफैसंग
खोजी हिंड्ने मान्छे

खोई कता कता के के खोज्दै
आँफैंमा हराएका मान्छे
त्यही मान्छे मान्छेको बीचमा
रुमल्लीएको म एक मान्छे

अतितका मिठा पलहरुलाई

अतितका मिठा पलहरुलाई
एक एक गरी बटुल्ने मन छ
छुटेका सारा साथहरुलाई
एक चोटी फेरी सँगाल्ने मन छ

जीवनको परिबेशले भनुं
या असन्तुष्टीमा आबेशले
छुटेका सारा हाथहरुलाई
एक चोटी फेरी थमाउने मन छ

पराई भएका आफ्ना देखी
टाढीएका सबै सँग
बिताईएका सारा यादहरुलाई
एक चोटी फेरी ब्युंताउने मन छ

अतितका मिठा पलहरुलाई
एक एक गरी बटुल्ने मन छ
छुटेका सारा साथहरुलाई
एक चोटी फेरी सँगाल्ने मन छ

केवल एक सोच!

सोच्दा सोच्दै मन यो मेरो
कहाँ कहाँ रमाउन पुगेछ
देख्दा सेतो कपास झैं लाग्दो
बादलुमा हराउन पुगेछ

हावा सँगै उडेको मेघमा
हजार द्रिश्य बनाउन पुगेछ
धरतीबाट अंम्बरको गहिराई नाप्दै
चमनको सुवाशमा रमाउन पुगेछ

कल्पनाको बेगसँग
मितेरी लगाउन पुगेछ
त्यो बादललाई यो मनले आज
दौंतरी बनाउन पुगेछ

कल्पनाको मिठासमा रम्ने
मनमै त सारा अडेझैं रहेछ
सुख दु:ख के नै हो र
केवल मनको एक सोच त रहेछ

बादलुले मायालाई

नबुझेको होइन शायद
बुझ्न नसके जस्तो लाग्छ
मायालाई उंचाईमा
बादलुले पो छोप्यो जस्तो लाग्छ

बेसी पहाड लेक हुँदै
कती देउराली काटी सकियो
कती गाह्रो चिप्लो यात्रा
मुस्कान रोदन कटाई सकियो

सागरबाट बादल उठी
आकाशमा पुगी फेरी
त्यही बर्षा नदी हुँदै
सागरमै मिले जस्तै

बादलको शितबाट,
लेकबाट मायालाई
उही न्यानो बेसी झारी
माया दिउं जस्तो लाग्छ

मन भित्र खुल्दुली
बढे जस्तो जस्तो लाग्छ
मायालाई उंचाईमा
बादलुले पो छोप्यो जस्तो लाग्छ

CPSIA information can be obtained
at www.ICGtesting.com
Printed in the USA
BVHW062131161219
566889BV00016B/598/P

9 781450 576130